Ponti

Italiano terzo millennio

Tognozzi
Cavatorta

WORKBOOK ANSWER KEY

Elissa Tognozzi
University of California at Los Angeles

Giuseppe Cavatorta
Dartmouth College

Anna Minardi
Dartmouth College

Houghton Mifflin Company   Boston   New York

Publisher: Rolando Hernández
Sponsoring Editor: Van Strength
Development Manager: Sharla Zwirek
Senior Development Editor: Sandra Guadano
Editorial Assistant: Erin Kern
Project Editor: Harriet C. Dishman/Anastasia K. Schulze
Manufacturing Manager: Florence Cadran
Senior Marketing Manager: Tina Crowley Desprez
Associate Marketing Manager: Claudia Martínez

Printed in the U.S.A.

ISBN: 0-618-43379-X

123456789 MA 07 06 05 04 03

CONTENTS

CAPITOLO 1

A. Definizioni. 1. d 2. i 3. e 4. j 5. g 6. b 7. f 8. a 9. c 10. h

B. Al bar. a. 8 b. 6 c. 9 d. 1 e. 5 or 3 f. 3 or 4 g. 7 h. 4 or 5 i. 2

C. Le città urbane. *Answers will vary.*

D. Graffiti. *Answers will vary. Possible answers:* 1. le persone che scrivono i messaggi e fanno disegni 2. il risultato artistico 3. il gruppo che contribuisce al disegno 4. la firma del gruppo che fa i graffiti 5. gli strumenti che usano per creare il loro messaggio 6. schizzi

E. Mini-conversazioni. 1. weekend 2. film 3. fare le spese 4. fax 5. high-tech 6. computer 7. email 8. meeting 9. slogan 10. caffè 11. Internet 12. facciamo concorrenza

F. Attrici famosissime e diversissime. *Answers will vary.*

G. Bar Gianni o Bar Sport? 1. Gli aperitivi del Bar Gianni costano più degli aperitivi del Bar Sport. 2. I tramezzini del Bar Gianni costano meno dei tramezzini del Bar Sport. 3. Il caffè del Bar Gianni costa tanto quanto il caffè del Bar Sport. 4. Le bibite del Bar Gianni costano più delle bibite del Bar Sport. 5. Le spremute del Bar Gianni costano tanto quanto le spremute del Bar Sport. 6. I liquori del Bar Sport costano meno dei liquori del Bar Gianni. 7. Il tè del Bar Sport costa più del tè del Bar Gianni. 8. I panini del Bar Gianni costano meno dei panini del Bar Sport. 9. Le paste del Bar Gianni costano più delle paste del Bar Sport.

H. Un'Italia americana? 1. della 2. dei 3. di 4. che 5. di 6. di 7. che 8. che 9. che 10. del

I. Acquisti sì, ma con un limite. 1. Non può costare meno dei dolci. 2. Non può costare più delle bibite. 3. Non può costare più di un vestito da Batman. 4. Non può costare meno di una parrucca. 5. Non possono costare più di 7 euro. 6. Non può costare meno di un cappello da strega.

J. Di ritorno da un viaggio per il mondo. 1. il... più impressionante della 2. il... meno caro di 3. i... più comprati 4. le... più alte degli 5. l'... più importante del 6. le... più divertenti della 7. i... più belli della 8. le... meno noiose del

K. Da un ristorante all'altro. 1. economicissimo 2. bravissimi 3. gentilissimi 4. freschissima 5. dolcissimo 6. salatissima 7. indicatissimo 8. elegantissimi

L. Il linguaggio dei giovani. *Answers will vary.*

M. Esagerazioni di ogni tipo. 1. pieno zeppo 2. stanche morte 3. ricca sfondata 4. pazzo da legare 5. celeberrimo 6. innamorati cotti

N. Il padrino. 1. miglior(e) 2. peggiori 3. maggiori 4. minore 5. massima 6. maggiori 7. ottimo 8. miglior(e)

O. Pro e contro. 1. migliore, meglio 2. meglio, migliori 3. meglio, peggiori 4. meglio, migliori 5. migliori 6. migliori 7. meglio, migliore, peggiori 8. migliori

P. Un Oscar per tutti. *Answers will vary but should begin as follows:* 1. Il miglior(e) libro del secolo è stato... 2. Il miglior(e) film del secolo è stato... 3. Il miglior(e) musical del secolo è stato... 4. Il miglior(e) concerto del secolo è stato... 5. La miglior(e) opera del secolo è stata... 6. Il miglior(e) spettacolo televisivo del secolo è stato... 7. Il miglior(e) attore del secolo è stato... 8. La miglior(e) canzone del secolo è stata...

Q. Cos'è meglio? Cos'è peggio? *Answers will vary.*

R. Italamerica? *Answers will vary.*

CAPITOLO 2

A. In cerca di un'edicola. 1. edicola 2. quotidiani 3. riviste 4. edizione straordinaria 5. telegiornale 6. inviato 7. cronaca rosa 8. fotoreporter

B. Tutte le cronache. cronaca: 1, 5, 9; cronaca nera: 2, 4, 6; cronaca rosa: 3, 7, 8

C. Che cos'è? *Answers will vary. Possible answers:*
1. un periodico che esce una volta al mese   2. la persona che cura i servizi fotografici di un giornale o di una rivista   3. il luogo dove lavorano i giornalisti   4. il luogo dove si comprano i giornali   5. la cronaca che si occupa della vita degli attori   6. il giornalista che lavora all'estero   7. sistema per cui pagando un'unica somma di denaro si ricevono tutti i numeri del giornale / della rivista   8. un numero speciale di un quotidiano

D. Famiglie di parole. *Answers will vary. Possible answers:*   1. il giornale   2. il settimanale   3. l'inviato   4. il mensile   5. intervistare   6. la redazione   7. il/la fotoreporter

E. Mini-conversazioni.   1. telegiornale   2. fotoreporter   3. edizione straordinaria   4. edicola   5. giornalista   6. redazione   7. inviato

F. La strana vita dei giornalisti. *Answers will vary. Possible answers:*   1. Alle dieci e mezza/o ha fatto la doccia.   2. Alle undici ha fatto colazione.   3. All'una e tre quarti è uscita.   4. Alle tre ha letto il giornale nel parco.   5. Alle cinque ha bevuto il tè con un'amica.   6. Alle sette e mezza/o ha cenato (ha mangiato) in un ristorante.   7. Alle dieci è andata al *Corriere della Sera*.   8. Alle undici ha scritto un articolo.

G. Quando ero bambino/a.   1. Si addormentava alle nove quando aveva tre anni.   2. Non poteva guardare la televisione quando aveva cinque anni.   3. Giocava in giardino quando aveva sei anni.   4. Abitava a Firenze quando aveva sette anni.   5. Non mangiava spinaci tra i sei e i 12 anni.   6. Faceva allenamento con la sua squadra di calcio quando aveva 12 anni.   7. Era alta 75 cm quando aveva tre anni.   8. Voleva diventare una ballerina quando aveva cinque anni.   9. Dormiva a casa della nonna il sabato sera quando aveva sei anni.   10. Si allacciava le scarpe da sola quando aveva sette anni.   11. Prendeva lezioni di piano tra i sei e i 12 anni.   12. Frequentava la scuola media quando aveva 12 anni.

H. Una vacanza disastrosa?   1. Ho dovuto   2. ho potuto   3. sono... potuta   4. mi sono dovuta spostare / ho dovuto spostarmi   5. ho saputo   6. ho voluto   7. ho... desiderato   8. ho saputo   9. ho potuto

I. Abitudini diverse.   1. Non siamo mai andati a scuola in autobus, andavamo sempre in macchina.   2. Non hanno mai assegnato troppi compiti, assegnavano troppe letture.   3. Non sono mai uscite tutte le sere, uscivano solo il sabato.   4. Non abbiamo mai fatto domande in classe, facevamo domande nelle ore d'ufficio.   5. Non si è mai preoccupata per me, si preoccupava per mia sorella minore.   6. I miei amici non hanno mai abitato in un appartamento, abitavano alla Casa dello studente.

J. Cronaca vera.   1. sono   2. è   3. ha   4. ha   5. è   6. sono   7. sono   8. hanno   9. hanno   10. sono   11. hanno   12. hanno   13. è   14. ha

K. Oggi così, ieri lo stesso.   1. Le edicole aprivano sempre alle 7,00 e chiudevano a mezzanotte.   2. I giornalisti sceglievano sempre le notizie che avevano maggior presa sul pubblico.   3. Le elezioni politiche dividevano sempre gli elettori e causavano accesi dibattiti.   4. I problemi del terzo mondo riempivano sempre le pagine dei giornali.   5. La moda italiana esprimeva sempre uno stile alternativo e raccoglieva le più moderne tendenze dei giovani.   6. Le forze dell'ordine scoprivano sempre traffici illegali e si battevano contro il mercato nero di sigarette.

L. Ieri.   1. Il presidente ha presentato il suo programma al parlamento e ha espresso la sua solidarietà ai minatori in sciopero.   2. Il Papa ha fatto un viaggio in Giappone e si è incontrato con l'imperatore.   3. Le attrici italiane hanno sceso le scale del salone delle feste e hanno aperto le danze.   4. Io e mia moglie non abbiamo letto le notizie di cronaca nera e non abbiamo guardato i telegiornali.   5. Il convegno internazionale delle Nazioni Unite che si è svolto a Bogotà ha tolto ogni dubbio sulla possibilità di una guerra.   6. Tu e quel famoso giornalista vi siete conosciuti un anno fa e avete difeso insieme i diritti delle donne.

M. La protesta dei giornalisti.   1. siamo passati   2. hanno saltato   3. è salito, è suonato   4. ha cominciato   5. ha cominciato, hanno iniziato   6. è sceso   7. sono corsi

N. Che distratto!   1. si è accorto   2. ballavamo   3. Erano   4. pioveva   5. ha preso   6. è corso   7. ha aperto   8. è suonato   9. è arrivata   10. ha sceso   11. ha finto   12. hanno creduto   13. hanno portato   14. ha detto   15. hanno

scoperto   16. perquisivano   17. hanno trovato
18. erano   19. aveva

O.   Partenza dall'Italia.   1. è stata   2. dovevo
3. sono partita   4. si è fermato   5. abbiamo saputo
6. hanno deciso   7. sono arrivata   8. ho perso
9. ho dovuto   10. è costato   11. ho imparato
12. sono tornata

P.   Mito o realtà?   *Answers will vary.*

CAPITOLO 3

A.   Qualità desiderate.   *Answers will vary.*

B.   Annuncio.   *Answers will vary.*

C.   Negativa o positiva?   *Answers will vary.*

D.   Perché?   *Answers will vary.*

E.   Mini-conversazioni.   1. Abbiamo divorziato
2. vitellone   3. Mi sposo   4. bebè   5. stiro
6. all'antica   7. si occupa   8. part-time
9. a tempo pieno   10. pari opportunità

F.   Che cosa fanno?   *Answers may vary.*   1. Il
ragazzo va a cavallo.   2. La signora è seduta sulla
sedia.   3. La mamma e il bambino vanno dal
dentista.   4. I fidanzati escono dallo zoo.   5. Due
amici mangiano in mensa.   6. Gli sposi vanno in
luna di miele.   7. Gli impiegati lavorano in ufficio.
8. L'uomo mette la lampada sulla TV.

G.   Descrizioni.   1. del   2. di   3. degli, sul, in
4. dai, con il/al   5. Nel, di, delle, dei   6. in, con,
della   7. Da, di, a, con

H.   Lontano dagli occhi, lontano da…?   1. fino alle
2. intorno alle   3. Invece di   4. Prima di   5. vicino
a   6. insieme a   7. lontano dal   8. eccetto

I.   Fidarsi è bene, non fidarsi è meglio.   1. Due
giorni fa il marito ha promesso di lavare i piatti ogni
sera.   2. Da qualche anno le casalinghe sono riuscite
ad avere una pensione integrativa.   3. La Seconda
guerra mondiale ha costretto anche le donne a
prendere posizione.   4. Oggi i problemi della
famiglia assomigliano sempre di più ad un puzzle.
5. Recentemente i giovani si sono interessati alla vita
politica del Paese.   6. Negli anni '70 le associazioni
femministe hanno discusso dei pregiudizi sul posto
di lavoro.

J.   Abitudini d'altri tempi.   1. Prima degli anni
'70 le donne non si erano mai spostate in macchina
per andare al lavoro. Si spostavano in bicicletta.
2. Prima della legge sulla famiglia, gli uomini non
avevano mai interrotto il lavoro per prendersi cura
dei figli. Interrompevano il lavoro per malattia.
3. Prima del 1972 le donne non avevano mai potuto
divorziare. Potevano solo separarsi.   4. Le donne
non avevano mai lavorato in fabbrica prima della
Grande Guerra. Lavoravano a/in casa.   5. L'uomo
non aveva mai camminato sulla luna prima del
1968. Camminava sulla terra.   6. Non avevo mai
abitato con il mio ragazzo prima dell'anno scorso.
Abitavo con i genitori.

K.   Una famiglia moderna.   1. era   2. hanno
accompagnato   3. aveva   4. erano dovuti
5. lavoravano   6. avevano potuto   7. sembrava
8. si sentivano   9. erano appena tornati
10. volevano

L.   Quando è successo?   1. I senatori avevano
appena approvato la legge quando è cominciato lo
sciopero generale.   2. Il ragazzo padre aveva già
cominciato a lavorare part-time quando sua suocera
ha offerto il suo aiuto.   3. Marisa non era ancora
arrivata a casa quando suo marito ha telefonato.
4. Io e mia moglie avevamo già divorziato quando
abitavo a Roma.   5. Loro non si erano ancora
sposati quando avevano 18 anni.   6. Io avevo già
viaggiato in Europa quando ho cominciato a
studiare l'italiano e il francese.

M.   Uomini e donne.   *Answers will vary. Possible
answers:*   1. Sabrina era già uscita di casa quando
Paolo ha portato i bambini all'asilo in macchina.
2. Sabrina aveva già spedito un pacco all'/dall'ufficio
postale quando Paolo ha bevuto il caffè al bar con
gli amici.   3. Sabrina aveva già controllato la contabilità al computer quando Paolo ha giocato a rugby
allo stadio.   4. Sabrina aveva già pranzato al ristorante quando Paolo ha letto una rivista sul divano.
5. Paolo non aveva ancora portato i bambini all'asilo
in macchina quando Sabrina è uscita di casa.
6. Paolo non aveva ancora bevuto il caffè al bar
con gli amici quando Sabrina ha spedito un pacco
all'/dall'ufficio postale.   7. Paolo non aveva ancora
giocato a rugby allo stadio quando Sabrina ha
controllato la contabilità al computer.   8. Paolo

non aveva ancora letto una rivista sul divano quando Sabrina ha pranzato al ristorante.

N. E tu l'avevi mai fatto? *Answers will vary.*

CAPITOLO 4

A. Un complesso jazz. 1. il pianoforte 2. la batteria 3. il basso 4. il sassofono 5. la tromba

B. All'opera. 1. fischiare 2. stonata 3. orecchio 4. cantante 5. melodica 6. applaudire 7. palcoscenico

C. Definizioni. 1. e 2. f 3. b 4. a 5. d 6. c

D. Una cartolina. *Answers will vary.*

E. Verbi musicali. 1. suonare 2. ha composto 3. balla 4. abbiamo applaudito 5. avete fischiato 6. è in tournée

F. Chi lo fa? *Answers will vary.*

G. Il mondo della musica. 1. e 2. c 3. a 4. f 5. g 6. b 7. d

H. Come hai fatto? 1. Me la 2. Me lo 3. Gliel' 4. se l' 5. ce li 6. Te lo 7. glielo 8. te la

I. Dal vivo. 1. Due giorni fa il batterista se l'è rotta. 2. Voi volete scrivermeli / me li volete scrivere? 3. Al concerto di ieri sera il cantante non ha voluto farmelo / non me l'ha voluto fare. 4. Noi ce le ricordiamo sempre. 5. Recentemente i genitori ce li hanno dati. 6. L'anno scorso gliel'ho regalata per il suo compleanno.

J. Il pronome neutro. 1. Voglio sempre saperlo. / Lo voglio sempre sapere. 2. Lo sapevi? 3. Non lo condivido, ma ti appoggio. 4. La polizia l'ha ordinato ai fan. 5. Gliel'ho detto. 6. Ve lo ricordate?

K. La notte del concerto. 1. Esci dall'uscita di sicurezza! 2. Abbiate pazienza quando siete in coda alla biglietteria! 3. Vengano allo spettacolo con me. 4. Sii silenziosa quando uscite / usciamo di nascosto! 5. Sappia suonare la batteria prima di presentarsi all'audizione! 6. Stia tranquillo sotto il palco!

L. Fatelo! 1. Senatori, la approvino! 2. Dottore, glielo dia! 3. Mario, non portarceli / non ce li porte! 4. Mettiamocelo! 5. Non fatevelo fare! 6. Direttore, non li sgridi! 7. Roberto, salutameli!

M. Nonni e nipoti. *Answers may vary.* 1. La ascolti! 2. La lasci uscire! 3. Non le ascolti! 4. Non si preoccupi! / Stia tranquilla! 5. Non se li metta! 6. Non le canti! 7. Abbassalo! / Non alzarlo al massimo! 8. Non dirglielo! / Non glielo dire! 9. Non lasciarli! Sii ordinata! 10. Non tornare tardi! Torna presto! 11. Non dimenticartelo! / Non te lo dimenticare! / Ricordatelo! 12. Non prenderli!

N. Un po' d'educazione! 1. Lo imparino a memoria! 2. La canti! 3. Lo registrino! 4. La (L')ascoltino domani sera! 5. La (L')applauda! 6. Me lo dia! 7. Si preparino a suonare per due ore! 8. Lo faccia! 9. Si sieda in prima fila! 10. Me lo scriva!

CAPITOLO 5

A. Pro e contro. *Answers will vary.*

B. Un menu turistico. *Answers will vary.*

C. Cosa mangi? *Answers will vary.*

D. Mini-conversazioni. 1. spuntino 2. Apparecchiamo 3. cenare 4. pesce alla griglia 5. salsa 6. osteria 7. paninoteca 8. prosciutto 9. maiale

E. Intervista culinaria. *Answers will vary.*

F. E l'intervista continua. 1. Ne ho usati due chili. 2. Ne ho mangiate solamente alcune. 3. Non ne abbiamo messa nessuna. 4. Ne ho aggiunto un cucchiaino. 5. Ne abbiamo ordinati otto. 6. Ne ho persi due in una settimana. 7. Ne siamo usciti a mezzanotte. 8. Ne ho cucinato un po'.

G. Una festa da snob? 1. ce 2. ne 3. Ci 4. Ci 5. ci 6. ne 7. ce 8. ce ne

H. Dalla cucina al ristorante. 1. Lui ce ne comprava. 2. Loro possono bercene. / Loro ce ne possono bere. 3. Dammene un po'! 4. Non me

ne hanno portata.   5. Voi ce ne avevate preparate.
6. Ce lo bevano!

I.   I miei gusti.   *Answers will vary.*

J.   I gusti degli altri.   1. Da bambina le piaceva andare in pizzeria.   2. La settimana scorsa ci sono piaciute le lumache.   3. Non mi piace la pasta non «al dente».   4. Ieri non vi è piaciuta la cucina di quel ristorante messicano.   5. Gli piacciono moltissimo i contorni di quest'osteria.   6. Da ragazzo ti piacevano i dolci ma oggi non ti piacciono più.
7. L'altro ieri gli sono piaciute le lasagne della nonna.   8. Gli piace il vino rosso.

K.   Scene da un ristorante.   1. Gli mancano 15 euro.   2. Le serve un coltello.   3. Gli resta un euro.
4. Le manca il fidanzato.   5. Non gli occorre del vino.

L.   Impressioni.   1. gli è bastato   2. gli è dispiaciuto   3. mi manca   4. vi occorre   5. mi restano
6. ci era... successo   7. ti dispiace   8. le sono servite.

M.   La tua ricetta preferita.   *Answers will vary.*

C A P I T O L O 6

A.   Il Capodanno a Roma.   1. Capodanno
2. fortuna   3. tradizione   4. fuochi artificiali
5. sfilata   6. costumi   7. scongiuro   8. toccammo ferro

B.   Definizioni.   1. il panettone   2. il discorso
3. l'amuleto   4. la colomba   5. la scaramanzia
6. il patrono   7. la Quaresima   8. il malocchio

C.   Trova la soluzione!   1. c   2. b   3. d   4. c
5. c   6. a

D.   A che cosa credi?   *Answers will vary.*

E.   Mini-conversazioni.   1. amuleto   2. Natale
3. porterà fortuna   4. gesto   5. tradizioni
6. chiromante   7. soprannaturale   8. scongiurare
9. tocchi ferro

F.   Superstizioni.   1. lesse   2. predicesti
3. attraversò, vi fermaste, scendeste   4. ruppi

5. passammo, cadde   6. vennero   7. comprò
8. rovesciaste, faceste

G.   Un po' di Pinocchio.   1. decidere   2. prendere
3. cominciare   4. fare   5. dipingere   6. mettersi
7. diventare   8. mostrare   9. dire   10. essere
11. nascere

H.   Le bugie hanno le gambe corte.   1. era
2. si chiamava   3. passava   4. annoiava   5. decise
6. corse   7. gridò   8. andarono   9. chiesero
10. si mise   11. capirono   12. c'era   13. tornarono
14. arrivò   15. vide   16. urlò   17. credettero / crederono   18. finì

I.   Tradizioni.   *Answers will vary.*

J.   Prima e dopo.   1. Si arrabbiarono dopo che ebbe rotto lo specchio.   2. Vide un gatto nero non appena fummo usciti di casa.   3. Io scelsi le città da visitare dopo che lei mi ebbe detto le sue preferenze.
4. Il naso crebbe non appena ebbe finito di dire la prima bugia.   5. Tu partecipasti alla festa dopo che loro ti ebbero invitato a restare.   6. Lei se ne andò quando loro ebbero chiarito la loro posizione.

K.   Una favola da un punto di vista differente.
1. camminavo   2. cominciai   3. veniva   4. mi nascosi   5. vidi   6. decisi   7. ebbe detto   8. chiese
9. desideravo   10. ci sedemmo   11. fu   12. mi resi
13. stava   14. ebbe caricato   15. sparò   16. scappai

L.   L'ultimo Carnevale di Viareggio.   1. qualche
2. parecchi   3. tutti   4. diversi   5. Ogni   6. tutti
7. Qualcuno   8. chiunque

M.   Io non ci credo!   1. alcuni   2. altri
3. parecchie   4. niente   5. ogni   6. poco
7. qualsiasi   8. nessuno

N.   Che belle, le favole!   *Answers will vary.*

C A P I T O L O 7

A.   Quanto spesso?   *Answers will vary.*

B.   Cosa farai la prossima settimana?   *Answers will vary.*

C.   Con un po' di tempo libero, io farei...   *Answers will vary.*

D. Il portatile. *Answers will vary.*

E. Mini-conversazioni. 1. stampare 2. dischetto 3. documento 4. si blocca 5. virus 6. Internet Train 7. telefonino 8. pulsante 9. cercapersone 10. navigare 11. inviare 12. schermo

F. Dove, come, quando... 1. Andrò all'Internet Café. 2. Ci vorranno dieci minuti a scaricare quel documento. 3. Lanceranno il nuovo telefonino che manda messaggi email fra sette mesi. 4. La commissione di controllo specificherà i limiti delle pubblicità on-line. 5. I ragazzi cercheranno le informazioni su Yahoo Italia. 6. La stampante non funziona perché mancherà la cartuccia. 7. Io e Giovanni dovremo sempre salvare i documenti anche sul disco fisso. 8. Gli anziani faranno sempre meno fatica a usare i computer.

G. Un po' di pazienza! *Answers will vary.*

H. Sogni su Web. 1. comprerò 2. diventerò 3. avrò finito 4. ci saranno 5. vorranno 6. dovrò 7. comprerò 8. avrà raggiunto 9. venderemo 10. andremo 11. piacerà 12. sarò

I. Chi? 1. Chi compra on-line rischia di rivelare informazioni privilegiate. 2. Chi imparerà a disegnare pagine Web avrà successo nel mondo tecnologico. 3. Chi risponde in ritardo agli email o è molto impegnato o è maleducato. 4. Io non capisco chi si è rifiutato di introdurre il sistema informatizzato nelle scuole. 5. Secondo voi, chi si rivolge alle chat-line lo fa perché si sente solo? 6. Tu e Carla promuoverete chi venderà il maggior numero di software. 7. Ilaria e Rosa non approvavano chi spende molti soldi nei videogiochi. 8. Chi usa il cellulare a teatro disturba gli altri.

J. Problemi moderni. 1. Marcello che preferisce la sua vecchia macchina fotografica non sa usare la mia telecamera digitale. 2. Il programma per proteggersi dai virus, il cui nome è Norton, è fondamentale per la sicurezza dei documenti. 3. Questa è la caratteristica delle stampanti laser su cui conto per avere documenti stampati perfettamente. 4. Il masterizzatore è un nuovo accessorio dei computer con cui si possono duplicare i CD-ROMs. 5. Finalmente ho trovato il programma di scrittura WordPerfect di cui avevo bisogno. 6. Power Point, che molti relatori usano, serve a realizzare presentazioni interattive. 7. I nonni non capiscono il senso dei videogiochi il che lascia perplessi i nipoti.

K. Che cosa faresti tu? *Answers will vary.*

L. Con gentilezza. 1. Dottore, accenderebbe il cercapersone quando è fuori dall'ospedale? 2. Marco, spegneresti il computer ogni volta che finisci di lavorare? 3. Signori Fontana, comprerebbero quel computer? 4. Smetteresti di giocare con quel videogioco? 5. Andresti a comprarmi due cartucce per la stampante? 6. Ci direste che cosa avete appena stampato? 7. Verreste all'Internet Café con noi? 8. Signorina, tradurrebbe il documento che è appena arrivato via fax?

M. Un email. 1. avrei telefonato 2. Saresti potuta 3. avremmo ballato 4. ci sarebbero stati 5. avrebbe offerto 6. saresti voluta 7. avreste preso 8. avrei dovuto

N. Ha detto che... 1. non avrebbe mai usato 2. avrebbe sempre battuto, non avrebbe scritto 3. si sarebbero comunicati 4. avrebbe cercato 5. avrebbero navigato, avrebbero trovato 6. sarebbero andati 7. avrebbero passato 8. sarebbe tornato

O. Viva la tecnologia! *Answers will vary.*

C A P I T O L O **8**

A. La tua reazione. *Answers will vary.*

B. Il tuo commento. *Answers will vary.*

C. È bene che... *Answers will vary.*

D. Il più ed il meno importante. *Answers will vary.*

E. Il governo interviene... *Answers will vary.*

F. Identikit del volontario. *Answers will vary.*

G. Dammi una mano! 1. sia 2. faccia 3. ottenga 4. possano 5. sia... successo 6. capiscano 7. conoscano 8. abbia... accettato 9. si opponga

H. Come si fa! *Answers will vary.*

I. Alcuni problemi. 1. fossimo 2. fosse riuscita 3. soffrisse / fosse sofferto 4. venisse 5. fossero riusciti 6. avessero 7. guarissero 8. smettessero

J. Volontari cercasi. 1. diano 2. abbiano... superato 3. di alfabetizzare 4. presentasse 5. si fosse... occupato 6. si tratta 7. telefoniate 8. scriviate

K. E se...? 1. d 2. f 3. e 4. h 5. b 6. a 7. c 8. g

L. Solo ipotesi? *Answers will vary.*

M. Il tuo servizio alla comunità. *Answers will vary.*

C A P I T O L O 9

A. Definizioni. 1. f 2. h 3. g 4. d 5. a 6. e 7. c 8. b

B. Cosa indosseresti? *Answers will vary. Correct answers may include:* **Da un amico:** bretelle gialle e viola, calze a righe arancioni e blu, camicia a fiori, maglietta, jeans; **A una cena elegante:** cravatta a farfalla, sciarpa di seta, tailleur, completo, vestito da sera, smoking, pelliccia

C. Quale materiale? *Answers may vary. Possible answers:* 1. b, e, f 2. b, g 3. e, f 4. a, d 5. a, d 6. b, c 7. c 8. g, h

D. Indovina la parola. 1. il numero 2. la marca 3. lo sconto 4. la sfilata 5. il saldo 6. lo spogliatoio

E. Mini-conversazioni. 1. sfilata 2. costumi da bagno 3. indossare 4. tailleur 5. saldi 6. vestiti 7. marche 8. calzoncini 9. maglione 10. scarponi 11. pigiama

F. Era l'unico... 1. si identifichi 2. abbiamo mai letto 3. porti 4. capisca 5. abbiano mai visto 6. avesse mai indossato 7. costasse 8. stesse

G. Apparire ad ogni costo. 1. faccia 2. sia stato 3. apparissimo 4. debba 5. valga 6. sappia 7. dà 8. ha lavorato 9. Ho cominciato 10. avevo 11. sia 12. abbiano 13. si impegnino

H. Di moda in moda. *Answers 1, 6, and 8 may vary since* **benché, sebbene,** *and* **malgrado** *are interchangeable.* 1. benché 2. a meno che non

3. prima che 4. affinché 5. nel caso che 6. malgrado 7. qualsiasi 8. sebbene

I. Cosa facciamo in certi casi. *Answers will vary.*

J. Per essere belli. *Answers will vary.*

K. Fare tendenza. 1. Ieri mia madre me li ha lasciati tingere. 2. Fra dieci anni i dietologi ve li lasceranno mangiare. 3. I miei genitori l'anno scorso non me li hanno fatti mettere. 4. Da bambino io non mi lasciavo convincere sui vestiti tradizionali. 5. È difficile che i genitori glieli lascino fare. 6. L'anno scorso se li sono fatti fare nuovi. 7. Domani sua cugina se li farà comprare. 8. Io nel passato gliel'ho lasciato decidere.

L. A chi lo fai fare? 1. Ho lasciato portare i pantaloni a zampa d'elefante ai figli dei fiori. Glieli ho lasciati portare. 2. Ho fatto pagare il conto del parrucchiere al mio fidanzato. Gliel'ho fatto pagare. 3. Ha lasciato truccare la sua modella preferita al truccatore delle stelle. Gliel'ha lasciata truccare. 4. Abbiamo fatto indossare i nostri vestiti vecchi a voi. Ve li abbiamo fatti indossare. 5. Si sono fatti fare le scarpe su misura dal calzolaio. Se le sono fatte fare dal calzolaio. 6. Ho fatto cucire il mio abito da sposo/a al sarto. Gliel'ho fatto cucire. 7. Ti abbiamo lasciato vedere le sfilate di Armani. Te le abbiamo lasciate vedere. 8. Si è lasciato convincere dai suoi amici a farsi fare un tatuaggio. Si è lasciato convincere dai suoi amici a farselo fare.

M. Vita da modelli. *Answers will vary.*

C A P I T O L O 10

A. Tabù. *Answers will vary.*

B. Le carte. 1. tre di picche 2. otto di quadri 3. fante di fiori 4. asso di cuori

C. Al Bellagio. 1. passatempo 2. tombola 3. banditore 4. cartella 5. caselle 6. segnalini 7. premi

D. Definizioni. 1. c 2. e 3. f 4. g 5. h 6. b 7. d 8. a

E. Mini-conversazioni. 1. cartomante 2. carte 3. conto 4. scacchi 5. giocatori 6. lotto

7. mazziere   8. mazzo di carte   9. partita   10. ho scommesso

F.   La malora.   1. Un milione è stato vinto da un uomo di Lequio.   2. Tutti gli amici del Paviglione furano conosciuti da me.   3. Il mazzo è tirato fuori da Baldino tutte le sere.   4. Tutte le carte erano mischiate da Baldino.   5. Il mazzo fu consegnato a Baldino da Tobia.   6. Il gioco era studiato da Tobia. 7. Tutti i soldi furono persi da noi.   8. I soldi sono stati prestati a Tobia da loro.

G.   Il colore dei soldi.   1. Lo scorso Natale tombola è stata giocata dalla mia famiglia per tre ore. 2. Fra dieci anni nei casinò sarà proibito il gioco d'azzardo.   3. Da bambini le regole del gioco non erano rispettate da me e dai miei fratelli.   4. Penso che le scommesse illegali non siano accettate dalle autorità.   5. Nella prossima partita nessuna scopa sarà lasciata fare dai giocatori.   6. Bisognerebbe che il significato dei segni fosse imparato da loro prima della partita.   7. Oggi sarà distribuito il primo premio a meno che non siano rubati i soldi dai ladri. 8. Raramente la tecnica della chiromante è capita dai clienti.

H.   Le regole del gioco.   1. I giudici non volevano che il pubblico disturbasse i giocatori.   2. Bisogne-rebbe che i bambini non vedessero i premi prima dell'estrazione finale.   3. Tullio avrebbe vinto la partita solo se l'arbitro avesse cambiato le regole. 4. Quegli italiani hanno giocato la schedina in compagnia degli amici.   5. I bari adottarono delle tecniche che gli arbitri non poterono scoprire. 6. I giudici di gara non applicherebbero regole così severe se i giocatori non avessero già trovato il sistema per superare le vecchie.

I.   Uno, due, tre... stella!   1. Si sarebbero potute dare le carte in senso antiorario?   2. Si spendono 1.000 euro all'anno per il Totocalcio.   3. Nel '97 si comprava un nuovo videogioco all'anno.   4. Se si fosse vinta la gara si sarebbero guadagnati parecchi soldi.   5. Si era fatto terno sulla ruota di Milano ma non si erano controllate le estrazioni.   6. Si tassano le vincite alla lotteria a meno che non si sia investito tutto il denaro prima di dicembre.   7. Si seguirono le estrazioni del Lotto.   8. Si è riconosciuto il campione di poker dal cappello che portava.

J.   Che cosa si fa?   *Answers will vary. Possible answers:*   1. Si gioca d'azzardo al casinò.   2. Ci si fa

leggere la mano dalla chiromante.   3. Si fanno scommesse alle corse dei cavalli.   4. Si estraggono i numeri del Lotto.   5. Si vince a tombola.   6. Si danno le carte.

K.   Non ce la si fa.   1. La si può scartare.   2. Ci si crede quando le cose vanno bene.   3. Ci si è diver-titi al bar e se ne è vinto uno.   4. Non li si può fare a meno che non lo si dica al mazziere.   5. La si organizza e se ne distribuiscono molti!   6. Se se ne aggiungesse uno, non gli si potrebbe parlare. 7. Glielo si deve dire.   8. La si può vincere ma non se ne può parlare a nessuno.

L.   Si fa ma non si dice.   1. Ci si è messa la nostra maglietta fortunata per le partite importanti. / Ce la si è messa...   2. Si usavano i tarocchi per leggere il futuro. / Li si usava...   3. Lo si incontrerà stasera alle 9,00.   4. Si può giocare al Lotto fino a merco-ledì alle 20,00.   5. Si gioca a sbarazzino con un mazzo di carte da briscola. / Ci si gioca...   6. Si manderanno i biglietti della lotteria Italia al fratello di Pietro.   7. Si sono fatti sette punti con i dadi. 8. Si andò dalla chiromante.

M.   Come si gioca?   *Answers will vary.*

CAPITOLO 11

A.   Al cinema.   1. film romantico   2. film d'ani-mazione   3. film dell'orrore   4. film di fanta-scienza 5. film giallo   6. film giallo   7. film di fantascienza   8. film storico

B.   Un film per te.   *Answers will vary.*

C.   Descrivilo!   *Answers will vary.*

D.   Con quale frequenza?   *Answers will vary.*

E.   Mini-conversazioni.   1. episodio   2. fila 3. biglietteria   4. attore   5. ha interpretato 6. sottotitoli   7. commedia romantica 8. doppiano   9. girato

F.   Perché lo dice?   *Answers will vary.*

G.   Lo squalo.   1. andava, divertiva, doveva 2. volessero, quelle, avevano   3. avesse avuto, avrebbe doppiato   4. sua, avrebbe fatto   5. poco prima, quello, suo   6. pensare, consideravano

H. Top ten. 1. Gli studenti del corso di dizione hanno domandato all'attore: «Può ripetere l'ultima scena?» 2. Mia nonna dice: «Penso che nei film moderni ci siano troppe parolacce e violenza e che i bambini non debbano vederli senza la supervisione di un adulto.» 3. I ragazzi mi chiesero: «Hai mai visto un film di fantascienza?» 4. Io ho ribattuto: «Se ne avessi visto uno, me ne ricorderei.» 5. Suo fratello lo ha pregato: «Dimmi come è finita l'ultima puntata del mio telefilm preferito!» 6. Lui ha risposto: «Non lo so perché a quell'ora stavo studiando e non ho guardato la TV.» 7. Antonella disse: «Mi piacciono i fumetti ma preferisco leggere un buon libro.» 8. I giornalisti diranno: «Quest'attore non merita di vincere l'Oscar perché non sa recitare.»

I. Dal libro al fumetto. *Answers may vary. Possible answers:* Emilio dice che Nadia è sempre in libreria. Chiede se sta controllando se uno dei suoi libri è già entrato nelle classifiche dei più venduti. Nadia risponde che si sbaglia. Forse Emilio non lo sa, ma ha deciso di abbandonare la carriera di scrittrice. Dice che è difficile trovare un editore disposto a pubblicarti e poi che il guadagno non ripaga certo il lavoro continuo di revisione e di ricerca. Emilio dice che gli sembra impossibile e le chiede che progetti ha. Nadia dice che non ha proprio abbandonato del tutto e che si occupa di un altro genere. Aggiunge che c'è un progetto molto interessante a cui sta lavorando e che spera le darà molte soddisfazioni. Emilio dice di essere proprio curioso e le chiede se è forse diventata un critico letterario. Nadia risponde che quello non lo farebbe mai. Dice che sta curando un'edizione a fumetti di classici della letteratura e che si occupa dei testi. Aggiunge che il libro sarà accompagnato anche da un CD-ROM che permetterà ai lettori di modificare la storia intervenendo direttamente sul testo. Emilio dice che è un'idea geniale e che, considerando l'interesse dei giovani per i fumetti, il successo sarà assicurato.

J. Un film che piace. *Answers may vary. Possible answers:* Stefano ha detto che, a dire la verità, anche se non ci avrebbe creduto, gli era piaciuto quel film molto di più di quanto avesse pensato. Lucia ha detto che era stato un film divertentissimo e che era proprio contenta che lui avesse deciso di accompagnarla. Stefano ha detto che di solito i film comici non lo facevano ridere ma che in quel caso era stato il contrario. Lucia ha aggiunto che la sua unica delusione era stata la recitazione della protagonista. Ha detto che si aspettava molto di più ma che non si può essere sempre perfette! Stefano ha detto che invece la colonna sonora lo aveva incantato e che la avrebbe comprata appena usciva. Lucia ha detto che aveva ragione e che poi aveva visto su un manifesto al cinema che il nuovo episodio di *Alien* sarebbe uscito entro un mese per cui avevano un altro appuntamento! Stefano le ha detto che non lo avrebbe dimenticato.

K. Luci della ribalta. 1. Il coreografo mi ha domandato: «Hai mai seguito lezioni di danza classica?» 2. Gli ho risposto: «Non ne ho mai seguite ma so ballare musiche jazz e moderne.» 3. Lui ha ribattuto: «Per entrare all'accademia dovresti studiare dizione e recitazione.» 4. Io ho detto: «Ho fatto un corso per doppiatori e ho partecipato ad alcune pubblicità televisive.» 5. Allora ha aggiunto: «Se tu volessi fra poco ci sarà un provino con il regista.» 6. Io ho risposto: «Mi piacerebbe molto e non vedo l'ora di cominciare.» 7. Mi ha consigliato: «Va' a provare i costumi di scena e prendi appuntamento con il truccatore.» 8. Io ho esclamato: «Questo è il più bel giorno della mia vita e non si pentirà di avermi aiutato.»

L. Cinema, che passione! *Answers may vary. Possible answers:* 1. Federico ha pensato che avrebbe dovuto studiare, altrimenti il giorno dopo la professoressa si sarebbe arrabbiata. 2. Ha pensato che gli sarebbe piaciuto anche andare a vedere il festival di nuovo cinema italiano. Poi si è chiesto come avrebbe potuto fare. 3. Ha pensato che il giorno dopo avrebbe potuto essere ammalato e così sarebbe restato a letto a casa. 4. Ha pensato che cominciava già a sentirsi poco bene, e che avrebbe chiamato Marcella per sentire se voleva venire al cinema prima che la febbre diventasse troppo alta!

M. Il film del mese. *Answers will vary.*

CAPITOLO 12

A. Cerca l'intrusa. 1. il vaglia, il destinatario, il francobollo, il mittente 2. la prenotazione, il supplemento rapido, la biglietteria, lo sportello 3. il ricovero, la pastiglia, la vaccinazione, la diagnosi 4. l'acconto, la bolletta, l'allacciamento del telefono, l'inquilino 5. *Possible answers:* la burocrazia / vivere in Italia: il permesso di soggiorno, l'extra-comunitario, l'ambasciata, il visto

B. Definizioni. 1. il mittente 2. la caparra
3. la bolletta 4. il permesso di lavoro 5. il postino
6. il clandestino 7. la ricetta 8. firmare

C. Dal medico. 1. mal di testa 2. pastiglie
3. cura 4. ricetta 5. medicina 6. sdraiarsi
7. iniezione

D. Famiglie di parole. 1. immigrato; immigrante
2. permesso; permesso 3. allacciato; allacciamento
4. firmato; firma 5. impiegato; impiego, impiegato
6. affittato; affitto 7. prenotato; prenotazione

E. Mini-conversazioni. 1. stage 2. ambasciata
3. curriculum vitae 4. compilare 5. modulo
6. pacco 7. aerea 8. cartolina 9. francobollo
10. affitto 11. bilocale 12. luce 13. gas
14. allacciamento

F. Tentar non nuoce. 1. Lavorare è un diritto
sancito dalla Costituzione. 2. Compilare i permessi
di soggiorno richiede almeno due ore. 3. Leggere il
contratto d'affitto garantisce migliori rapporti tra
inquilino e padrone di casa. 4. Ricongiungere le
famiglie degli immigrati consente una migliore inte-
grazione sociale. 5. Spedire per posta ordinaria
non sempre permette di ottenere i documenti in
tempo utile. 6. Pagare le bollette all'ufficio postale
comporta il rischio di code inutili. 7. Emettere
nuovi francobolli è di competenza del Ministero
delle Poste e Telecomunicazioni. 8. Secondo
alcuni, proibire il fumo negli uffici pubblici è una
stupida idea.

G. Vivere in Italia. 1. Si può entrare in un nuovo
appartamento dopo aver lasciato la caparra. 2. Si
ottiene il tesserino sanitario dopo essersi iscritti
all'A.S.L. 3. Ho deciso di trasferirmi in Italia
dopo aver finito gli studi. 4. Hanno potuto iscri-
versi all'università dopo aver passato l'esame

d'ammissione. 5. Ci hanno allacciato la linea
telefonica dopo aver richiesto il contratto. 6. Ho
saputo che avevo bisogno di avere un visto dopo
aver provato a lavorare illegalmente. 7. Hanno
capito che si poteva pagare anche in banca dopo
aver ricevuto la bolletta. 8. Mi sono accorto di aver
perso il treno dopo aver visto il binario vuoto.

H. In questo preciso momento. *Answers will
vary. Possible answers:* 1. È all'ufficio postale e sta
imbucando una lettera. 2. È in strada e sta chie-
dendo ad una signora dove sia l'appartamento in
affitto. 3. È al Pronto Soccorso e sta cercando un
dottore. 4. È a Parigi e sta cercando qualcuno che
parli italiano. 5. È in camera sua e sta scrivendo
il suo curriculum vitae. 6. È al bar e sta bevendo
un caffè.

I. Sbagliando s'impara. 1. Affittando un appartamento per tre anni, puoi rinnovare il contratto più
facilmente. 2. Lavorando si guadagna uno stipen-
dio. 3. Sposando un cittadino italiano, otterresti
la cittadinanza? 4. Aspettando il mio turno, ho
letto tre capitoli del libro. 5. È vero che si sono
incontrati cercando un lavoro? 6. È stato difficile
ottenere un permesso non sapendo dove era l'ufficio
stranieri. 7. Esercitandoti imparerai a cavartela.
8. Aspettò il treno successivo essendo il primo in
ritardo.

J. Perché? *Answers will vary.*

K. Impressionante! 1. aiutante 2. militante
3. assistente 4. coprente 5. cantante
6. governante 7. mandante 8. passante

L. Emigrare. 1. recata 2. arrivata 3. ottenuto
4. speso 5. stata 6. scoperto 7. spedito 8. fatto

M. Comunicando. *Answers will vary.*